Angela Reith
Das Minuten-Enneagramm

W0075471

Angela Reith

Das Minuten-Enneagramm

Der kurze Weg zur Selbsterkenntnis

Aus dem Englischen
von Ulrike Zellmer

Die Deutsche Bibliothek – CIP-Einheitsaufnahme
Ein Titeldatensatz für diese Publikation ist bei der
Deutschen Bibliothek erhältlich.

ISBN 3-87067-839-9
Edition C, M 260
© 2000 by Brendow Verlag, D-47443 Moers
Originaltitel: First published under the title »Who am I?« by
Lion Publishing plc, Oxford
Text copyright © 1999 Angela Reith
Einbandgestaltung: Nicola S. Weinnoldt, Münster
Satz: Convertex, Aachen
Druck und Bindung: Clausen & Bosse, Leck
Printed in Germany

Inhalt

Was ist das Enneagramm?

Das Enneagramm ist eine alte Methode, um unverkennbare Eigenschaften und Charakteristika des Menschen zu verstehen. Das geschieht durch die Einteilung in neun Grundtypen der Persönlichkeit.

Wenn Sie Ihren speziellen Persönlichkeitstyp verstehen, werden Sie besser begreifen, warum Sie bestimmte Dinge tun und auf bestimmte Situationen so und nicht anders reagieren. Das wiederum kann zur Verbesserung der Beziehungen zu Angehörigen, Freunden und Kollegen führen.

Der genaue Ursprung des Enneagramms ist nicht bekannt. Es ist jedoch vermutlich im Osten entstanden und vor über 1500 Jahren von christlichen Mystikern angewendet worden. In den zwanziger Jahren gelangte es durch den russischen spirituellen Lehrer und Psychologen G. I. Gurdjieff in den Westen. Das Wort Enneagramm leitet sich ab von den griechischen Wörtern *ennea* (neun) und *grammos* (Zeichnung).

Das Enneagramm wird traditionell durch einen Kreis mit einem neunzackigen Stern darin dargestellt. Jeder Spitze ist eine Nummer zugeordnet, die einer der neun Persönlichkeitstypen entspricht.

Jeder Typ steht wiederum in Beziehung zu zwei weiteren Typen. Diese Beziehungen werden durch Verbindungslinien dargestellt, die die Spitzen zu einem besonderen Muster verbinden (siehe Kapitel: Nur eine Nummer?).

Jeder Persönlichkeitstyp wird auch von den Typen rechts und links von ihm beeinflusst. Diese werden seine »Flügel« genannt.

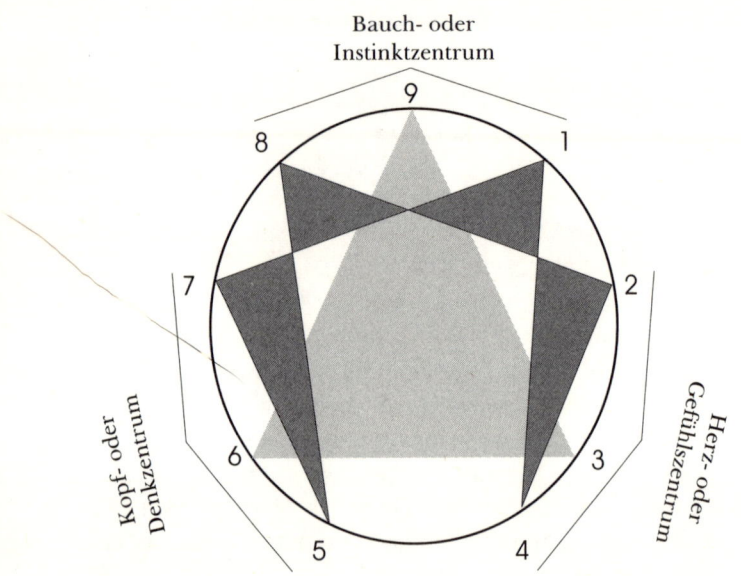

Bauch- oder Instinktzentrum

9

8   1

7   2

Kopf- oder Denkzentrum   Herz- oder Gefühlszentrum

6   3

5   4

Schließlich werden die neun Typen noch in drei »Zentren« eingeteilt: Das »Herz- oder Gefühlszentrum«, das »Kopf- oder Denkzentrum« und das »Bauch- oder Instinktzentrum«. Die tiefsten Reaktionen des Menschen kommen aus seinem Zentrum. Wenn wir das verstehen, können wir unser Leben bewusster gestalten.

Wie das folgende Diagramm veranschaulicht, werden die drei Zentren von drei Problembereichen bestimmt: Image, Angst und Wut. Jeder Persönlichkeitstyp hat auch ein besonderes Problem, eine spezielle Wurzelsünde, mit der er sich auseinander setzen muss: Habsucht, Furcht, Unmäßigkeit, Schamlosigkeit, Trägheit, Zorn, Stolz, Lüge und Neid.

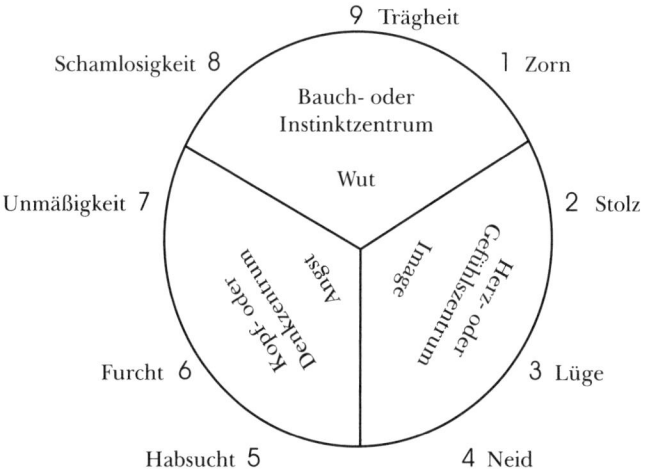

9 Trägheit

Schamlosigkeit 8

1 Zorn

Bauch- oder
Instinktzentrum

Wut

Unmäßigkeit 7

2 Stolz

Herz- oder
Gefühlszentrum
Image

Kopf- oder
Denkzentrum
Angst

Furcht 6

3 Lüge

Habsucht 5

4 Neid

»Wie das Meer ist das
Enneagramm seicht genug
für den furchtsamsten Schwimmer
und doch tief genug
für einen Ozeandampfer.«
Simon Parke

Lernen Sie Ihre Persönlichkeit
zu verstehen

Auf unserem Lebensweg nehmen wir unsere Persönlichkeit immer mit. Das gilt auch für die vielfältigen Einflüsse, denen wir in unserer Kindheit ausgesetzt waren.

Das Leben hält gute und schlechte Dinge für uns bereit und wir reagieren darauf, so gut wir können ...

Und weil wir nicht viel über uns selbst wissen, haben wir oft Mühe zu verstehen, wer wir eigentlich sind und warum wir auf eine bestimmte Art reagieren.

Deshalb machen wir uns und anderen oft das Leben schwer.

Das Enneagramm ist wie ein aufrichtiger Freund, ein Spiegel, der unser Fehlverhalten aufdeckt, damit wir uns zum Guten verändern können. Es kann uns Möglichkeiten eröffnen, von denen wir nie geträumt hätten.

Wenn wir mehr über uns selbst wissen, können wir lernen, unsere Schwächen anzunehmen, und sind besser in der Lage, die »Fallen« in unserer Persönlichkeit zu umgehen. Wenn wir mehr über andere wissen, können wir lernen, ihre unterschiedliche Art zu respektieren und zu schätzen und im Frieden mit ihnen zu leben.

Wenn wir nach und nach mit dem Enneagramm vertraut werden, sind wir versucht, uns und unsere Freunde und Verwandten in Kategorien einzuordnen, was wenig hilfreich ist. Menschen in Schubladen zu stecken – wie richtig diese Einordnung auch erscheinen mag – wird der Vielschichtigkeit ihres Menschseins nicht gerecht. Wenn wir uns zu sehr davon gefangen nehmen lassen, dass wir ein bestimmter Persönlichkeitstyp sind, kann uns das ebenfalls daran hindern, uns positiv zu verändern.

Das Enneagramm ist ein wirksames Werkzeug, um uns zu einem besseren Verständnis unserer Persönlichkeit zu verhelfen, aber es ist eben nur ein Werkzeug: Es ist nicht die ganze Wahrheit.

Die Reise beginnt

Die nächsten Seiten werden Ihnen helfen, Ihren Persönlichkeitstyp herauszufinden. Dann können Sie sich detaillierter mit ihm befassen, zum Beispiel mit folgenden Themen: die positiven und negativen Seiten Ihres Typus; in welcher Beziehung Sie zu anderen stehen; Berufe und Tätigkeiten, die zu Ihnen passen würden und einige Hinweise, wie Sie innerlich wachsen können.

Die folgenden Kapitel beschäftigen sich mit zwei Themen, die für uns alle von Interesse sind: unsere vertrauten Beziehungen und unsere Spiritualität.

Finden Sie Ihre Nummer

Der Test

Finden Sie Ihre Nummer

Auf den folgenden Seiten finden Sie eine Reihe von Aussagen, die auf jeden der neun Enneagrammtypen zutreffen. Arbeiten Sie sie alle durch und kreuzen Sie die Sätze an, die Sie selbst hätten sagen können. Es gibt keine richtigen oder falschen Antworten. Seien Sie so ehrlich wie möglich, auch wenn es scheint, als würden Sie sich hier und da widersprechen. Wenn Sie fertig sind, schauen Sie, bei welcher Nummer Sie die meisten Kreuze gesetzt haben. Diese Nummer ist dann aller Wahrscheinlichkeit nach Ihr Persönlichkeitstyp.

Wenn Sie bei einigen Nummern ungefähr die gleiche Anzahl Kreuze gemacht haben, denken Sie darüber nach, woher Ihre tiefsten Reaktionen rühren (Ihr »Zentrum«), und überlegen Sie, wo Ihre Schwachpunkte sind. Das mag Ihnen als Entscheidungshilfe dienen.

Dann können Sie das Kapitel lesen, das sich mit Ihrer Nummer beschäftigt, und mehr über sich selbst erfahren.

»Beim Enneagramm geht es darum,
Zwänge aufzudecken und Gaben freizulegen;
es geht um genaue Diagnose und die
Hinwendung zu einem gesunden Lebensstil.«
Simon Parke

Nummer Eins

- [ ] Ich halte gern Ordnung.
- [ ] Ich möchte, dass sich alle an die Regeln halten.
- [ ] Ich hasse es, wenn Leute zu spät kommen.
- [ ] Ich kann mich lange über etwas ärgern.
- [ ] Ich bin praktisch und realistisch.
- [ ] Ich fühle mich schuldig, wenn ich mich ausruhe.
- [ ] Ich fürchte mich vor der Kritik und dem Urteil anderer.
- [ ] Es gibt für mich nur entweder richtig oder falsch.
- [ ] Ich vergleiche mich mit anderen.
- [ ] Man kann sich meistens auf mich verlassen.
- [ ] Einzelheiten sind für mich wichtig.
- [ ] Ich denke nicht oft über meine Bedürfnisse nach.
- [ ] Ich habe das Gefühl, dass ich Recht habe.
- [ ] Es fällt mir schwer, spontan zu sein.
- [ ] Ich achte auf orthografische Genauigkeit.
- [ ] Ich fühle mich schuldig, wenn ich nicht genug schaffe.
- [ ] Ich habe hohe Ideale.
- [ ] Eifersucht macht mir Angst und führt zu Konkurrenzdenken.
- [ ] Ich überlege mir Anschaffungen sehr genau.
- [ ] Wahrheit und Gerechtigkeit sind mir sehr wichtig.
- [ ] Ich mache mir oft Sorgen.
- [ ] Es ist nicht gut oder richtig, Zorn zu empfinden.
- [ ] Ich möchte meine Arbeit so gut wie möglich machen.
- [ ] Ich habe Angst, Fehler zu machen.

Nummer Zwei

- ❏ Beziehungen sind sehr wichtig.
- ❏ Meine Freunde brauchen mich.
- ❏ Ich bin nicht sicher, wer ich wirklich bin.
- ❏ Ich möchte sexy wirken, aber keinen Sex haben.
- ❏ Persönliche Freiheit ist mir wichtig.
- ❏ Ich möchte, dass man mich um Rat fragt.
- ❏ Ich passe mich dem Menschen an, mit dem ich gerade zusammen bin.
- ❏ Es ist schwer, unabhängig von anderen zu handeln.
- ❏ Ich erwarte für meine Hilfe eine Gegenleistung.
- ❏ Es ist aufregend, die Liebe eines Menschen zu gewinnen.
- ❏ Ich bin verletzt, wenn ich nicht die Nähe bekomme, die ich brauche.
- ❏ Ich wünsche mir Anerkennung.
- ❏ Ich verberge meine Bedürfnisse vor anderen.
- ❏ Ich bin nicht sicher, welche Bedürfnisse ich eigentlich habe.
- ❏ Ich bin gern mit wichtigen oder »genialen« Menschen zusammen.
- ❏ Ich mag nicht das Gefühl haben, von den Bedürfnissen anderer gesteuert zu werden.
- ❏ Ich habe Angst, in mich selbst hineinzusehen.
- ❏ Ich tue Dinge, um anderen zu gefallen.
- ❏ Wenn ich anderen meine Bedürfnisse mitteile, werde ich sicher zurückgewiesen.
- ❏ Ich bin es oft müde, immer der Gebende zu sein.
- ❏ Ich habe Angst vor Intimität.
- ❏ Ich bin die Macht hinter dem Thron.
- ❏ Ich bin leicht verletzt, wenn ich kritisiert werde.
- ❏ Man schätzt mich nicht genug.

Nummer Drei

- ❏ Ich bin tüchtig.
- ❏ Ich bin leistungsorientiert.
- ❏ Man liebt mich, weil ich etwas leiste.
- ❏ Ich weiß oft nicht, was ich fühle.
- ❏ Die Arbeit geht vor persönliche Gefühle.
- ❏ Mir ist es wichtig, wie ich in der Öffentlichkeit wirke.
- ❏ Ich verschwende nicht gern Zeit.
- ❏ Ich tue gern mehrere Dinge auf einmal.
- ❏ Ich erreiche Gutes.
- ❏ Ich gebe gern die Regeln vor.
- ❏ Ich bin sehr begeisterungsfähig.
- ❏ Ich handle spontan, ohne viel nachzudenken.
- ❏ Ich neige zu Konkurrenzdenken.
- ❏ Finanzielle Sicherheit ist mir wichtig.
- ❏ Ich konzentriere mich auf das Positive.
- ❏ Es ist mir wichtig, meine Arbeit zu schaffen.
- ❏ Ich brauche viel Anerkennung.
- ❏ Ich spreche nicht über mein persönliches Leben.
- ❏ Ich bin sehr zielstrebig.
- ❏ Mein öffentliches Image ist mein wahres Ich.
- ❏ Ich möchte, dass andere mich respektieren.
- ❏ Ich kann Menschen leicht dazu bringen, mir zu vertrauen.
- ❏ Ich hole das Beste aus den Menschen heraus.
- ❏ Ich arbeite hart.
- ❏ Ich meide negative Menschen.

Nummer Vier

☐ Liebe wird mir das große Glück bringen.

☐ Ich erlebe ständige Wechselbäder der Gefühle.

☐ Ich entscheide hauptsächlich nach meinen Gefühlen.

☐ Ich habe sehr melancholische Phasen.

☐ Ich habe oft ein Gefühl des Verlustes.

☐ Ich fühle mich gern traurig oder melancholisch.

☐ Dinge, die leicht zu haben sind, sind es nicht wert, sie zu besitzen.

☐ Ich schätze tiefe Beziehungen.

☐ Ich muss mich selbst verstehen.

☐ Ich bin anders, ich gehöre nirgendwohin.

☐ Ich wünsche mir Intimität.

☐ Die Menschen sagen, ich sei zu intensiv.

☐ Ich habe Angst vor Intimität.

☐ Ich möchte, dass man meiner Seele auf den Grund kommt.

☐ Die Eigenheiten anderer Leute ärgern mich.

☐ Ich möchte nicht sein wie alle.

☐ Ich achte darauf, dass andere integer sind.

☐ Ich konzentriere mich auf die Vergangenheit oder die Zukunft, nicht auf die Gegenwart.

☐ Ich will oft mehr als ich habe.

☐ Ich bin sensibel für die Gefühle anderer.

☐ Ich bin eine gute Stütze in einer Krise.

☐ Ich sehe eher das Negative als das Positive.

☐ Niemand kann mich je verstehen.

☐ Ich bin nicht von der Mode abhängig.

☐ Es verletzt mich, wenn ich vergessen oder kritisiert werde.

☐ Ich mag nicht kontrolliert werden.

Nummer Fünf

- ❐ Ich stelle manchmal das Telefon ab.
- ❐ Es fällt mir schwer, andere um etwas zu bitten.
- ❐ Ich weiß oft nicht, was ich fühle.
- ❐ Selbstbeherrschung ist etwas Gutes.
- ❐ Ich mag keine theatralischen Menschen.
- ❐ Wenn ich allein bin, kann ich mich eher meinen Gefühlen hingeben.
- ❐ Ich teile mein Leben in verschiedene Bereiche auf.
- ❐ Ich bin gern mit Leuten zusammen, die sich in meinem Sachgebiet auskennen.
- ❐ Meine Freunde kennen einander nicht.
- ❐ Ich möchte am liebsten, dass das Leben voraussehbar ist.
- ❐ Ich liebe Systeme, die die verschiedenen Arbeitsweisen von Menschen erklären.
- ❐ Ich finde es schön, mich in einem speziellen Sachgebiet auszukennen.
- ❐ Ich beobachte lieber, als dass ich mitmache.
- ❐ Ich kann Vorgänge objektiv analysieren.
- ❐ Ich bin ein Einzelgänger.
- ❐ Ich möchte wissen, wer noch zu dem Fest kommt.
- ❐ Ich würde lieber nicht zu dem Fest gehen.
- ❐ Ich genieße Dinge im Rückblick.
- ❐ Ich habe Angst vor Intimität.
- ❐ Ich mag nicht, wenn man viel Wirbel um mich macht.
- ❐ Manchmal beobachte ich mich selbst, wie ich lebe.
- ❐ Ich kann gut auf Dinge verzichten.
- ❐ Ich engagiere mich nicht gern.
- ❐ Ich fühle mich manchmal anderen überlegen.
- ❐ Ich kann mich stundenlang meinen Interessen widmen.

Nummer Sechs

☐ Ich denke eher nach, als dass ich handle.

☐ Ich vergesse leicht die guten Zeiten.

☐ Ich rebelliere manchmal.

☐ Führer haben möglicherweise Hintergedanken.

☐ Wenn ich mich für eine Sache engagiere, bin ich sehr loyal.

☐ Ich fühle mich manchmal unsicher.

☐ Ich habe eine blühende Fantasie.

☐ Ich bin oft ängstlich.

☐ Ich verhalte mich oft unangepasst.

☐ Ich bin voller Widersprüche.

☐ Ich kann Gefahren ins Auge sehen.

☐ Ich möchte gern alles richtig machen.

☐ Es fällt mir schwer, Projekte zu Ende zu führen.

☐ Ich scheitere eher, als dass ich Erfolg habe.

☐ Ich misstraue Autoritäten.

☐ Ich setze mich für Schwächere und Benachteiligte ein.

☐ Ich zeige nicht gern, dass ich zornig bin.

☐ Ich stelle gern alles in Frage.

☐ Ich erwarte immer das Schlimmste.

☐ Ich setze mich gern für eine gute Sache ein.

☐ Ich bin verantwortungsvoll.

☐ Ich verhalte mich oft bestimmt und direkt.

☐ Ich verliere oft mein Selbstvertrauen.

☐ Ich bin selbstkritisch.

☐ Ich bin intelligent und geistreich.

Nummer Sieben

❐ Ich mag Aufregung.
❐ Ich schmiede gern Pläne.
❐ Ich fühle mich wohl in meiner Haut.
❐ Ich habe nicht gern Langeweile.
❐ Ich kann mich gut aus einer Sache herausreden.
❐ Ich kann nicht gut mit depressiven Menschen umgehen.
❐ Ich bin schnelllebig.
❐ Ich ziehe Vergnügen der harten Arbeit vor.
❐ Ich bin ein Optimist.
❐ Ich bin vielseitig begabt.
❐ Ich bin kein guter Zuhörer.
❐ Ich bekomme in der Regel, was ich will.
❐ Ich halte mir alle Möglichkeiten offen.
❐ Ich bin gern mit Menschen zusammen.
❐ Ich habe nicht viele Probleme.
❐ Ich verdränge unangenehme Dinge.
❐ Ich möchte das Beste aus dem Leben herausholen.
❐ Ich bin gern mit geistreichen und witzigen Menschen zusammen.
❐ Durch positives Denken löst man Probleme.
❐ Ich komme schneller über Verluste hinweg als andere.
❐ Ich habe hohe Ideale.
❐ Ich mag mich nicht gern verpflichten.
❐ Ich sage offen meine Meinung.
❐ Ich möchte mich engagieren und gleichzeitig meine Freiheit und Unabhängigkeit bewahren.
❐ Ich habe mehrere Projekte gleichzeitig laufen.

Nummer Acht

- ☐ Ich trage gern die Verantwortung.
- ☐ Ich habe viel Energie für Feste und Gesellschaften.
- ☐ Ich traue anderen keine Verantwortung zu.
- ☐ Gerechtigkeit ist mir wichtig.
- ☐ Ich tue oft Dinge im Übermaß.
- ☐ Ich bin manchmal aggressiv.
- ☐ Ich respektiere Leute, die sich zu ihrer Meinung bekennen.
- ☐ Es gibt nur eine richtige Meinung: meine.
- ☐ Ich halte mit meiner Meinung nicht hinterm Berg.
- ☐ Ich kann gut Entscheidungen treffen.
- ☐ Ich arbeite hart und schaffe viel.
- ☐ Wenn ich jemandem vertraue, macht mich das verletzlich.
- ☐ Ich schaue, wem ich die Schuld zuschieben kann.
- ☐ Schuldige sollten bestraft werden.
- ☐ Ich verteidige die Schwachen.
- ☐ Ich langweile mich, wenn es keine Konflikte oder Anregung gibt.
- ☐ Ich kann gut mit Zorn umgehen.
- ☐ Ich kann mich sehr unverblümt und deutlich ausdrücken.
- ☐ Ich mag keine Vorspiegelung falscher Tatsachen.
- ☐ Ich hasse das Gefühl abhängig zu sein.
- ☐ Ich sehe alles schwarz oder weiß.
- ☐ Ich beschütze die Menschen, die mir nahe stehen.
- ☐ Ich benutze Zorn und Sex, um Menschen nahe zu kommen.
- ☐ Ich habe gern Klarheit.
- ☐ In einer Gruppe verhalte ich mich eher als Beobachter.
- ☐ Kompromiss: Was ist das?

Nummer Neun

- [ ] Ich schiebe wichtige Dinge bis zuletzt auf.
- [ ] Es fällt mir schwer, »nein« zu sagen.
- [ ] Freunde sagen, ich sei stur.
- [ ] Ich zeige nicht gern meinen Zorn.
- [ ] Ich kann die Gefühle anderer nachempfinden.
- [ ] Ich möchte von anderen geschätzt werden.
- [ ] Ich kann Stunden mit unwichtigen Dingen verbringen.
- [ ] Es fällt mir schwer zu wissen, was ich wirklich will.
- [ ] Die Vergangenheit ist sehr real für mich.
- [ ] Alle Enneagrammnummern beschreiben mich.
- [ ] Ich kann alle Seiten eines Problems sehen.
- [ ] Ich fühle mich eins mit anderen Menschen und der Natur.
- [ ] Es fällt mir schwer, Entscheidungen zu treffen.
- [ ] Ich halte mich gern an vertraute Routine und Gewohnheiten.
- [ ] Ich schließe mich den Vorschlägen anderer an.
- [ ] Ich verteidige nicht oft meinen Standpunkt.
- [ ] Andere Menschen haben eine festere Meinung als ich.
- [ ] Ich möchte oft die Regeln brechen.
- [ ] Ich bin einfach gern mit Menschen zusammen.
- [ ] Ich denke oft an viele Dinge auf einmal.
- [ ] Ich bin ein Sammler.
- [ ] Manchmal geht bei mir nichts mehr.
- [ ] Wenn ich meine Meinung sage, wird mich der andere verlassen.
- [ ] Es fällt mir schwer, eine Arbeit anzufangen.
- [ ] Ich unterstütze gern andere Menschen.

Erfahren Sie mehr
über Ihre Nummer

Nummer Eins

»Ich muss perfekt sein. Ich muss das Richtige tun – und alle anderen auch.«

Wenn Sie eine Eins sind, ist Ihr Zentrum der Bauch oder der Instinkt und Ihre Wurzelsünde ist Zorn. Es scheint Ihnen nur recht und billig, wütend zu werden, wenn es einen Grund dafür gibt. Ihr Hauptproblem ist die Wut.

Was Sie vermeiden

Sie tun wahrscheinlich Ihr Möglichstes, um Zorn zu vermeiden, und erkennen kaum, wenn Sie wütend sind.

Die Kindheit

»Als Kind wurde ich kritisiert und bestraft, also versuchte ich, so gut wie möglich zu werden.«

»Ich habe früh Verantwortung übernommen und so weit wie möglich nichts falsch gemacht.«

»In meinem Innern scheint es eine kritische Stimme zu geben, die mich mit Urteilen bombardiert.«

Einser bei der Arbeit

Einser ergreifen oft Berufe, in denen es auf Genauigkeit und Organisation ankommt und bei denen Selbstdisziplin gefordert ist. Ihnen gelingt es, aus anderen das Beste herauszuholen und kluge Lösungen für Probleme zu finden. Einser findet man häufig im Management, im Rechtswesen, in der Wissenschaft, im Gesundheits- und Erziehungswesen oder in Berufen, die mit Finanzen zu tun haben. Viele religiöse Führer sind Einser. In ihrer Freizeit engagieren sich Einser oft für die Umwelt, in humanitären Organisationen oder im Sozialbereich.

Stärken	und	Schwächen der Eins
verlässlich		eifersüchtig
ehrlich		unflexibel
produktiv		kritisch
klug		wertend
weitblickend		dogmatisch
fair		zwanghaft
diszipliniert		zu ernsthaft
organisiert		ängstlich
tüchtig		beherrschend
prinzipientreu		übel nehmend

Seien Sie gut zu sich selbst

☞ Planen Sie in Ihrem vollen Terminkalender jeden Tag ein wenig Zeit ein für etwas, das Ihnen wirklich Freude macht, und wobei Sie sich entspannen können.

☞ Hinterfragen Sie die kritische Stimme in Ihrem Innern.

☞ Gestatten Sie sich, nicht hundertprozentig perfekt zu sein. Das ist gut genug.

☞ Ertappen Sie sich bei dem Gedanken, es gebe nur eine richtige Antwort. Versuchen Sie einmal, die Lösungen anderer Menschen auszuprobieren. Sie sind vielleicht ebenso gut.

☞ Achten Sie auf Ihre Sprache: »Sollte« kann zu einem »möchte gern« werden. »Wir sollten zusammen essen« wird dann zu »Ich möchte gern mit dir essen«. Und schlagen Sie das nicht vor, wenn Sie es nicht wollen.

☞ Lernen Sie, Witze zu erzählen.

☞ Gönnen Sie sich etwas Gutes – besonders, wenn Sie Ihr Zimmer noch nicht aufgeräumt haben!

☞ Freunden Sie sich mit Ihrem Zorn an und prüfen Sie, ob Traurigkeit oder Enttäuschung die Auslöser sind.

☞ Seien Sie stolz auf Ihre Leistungen, statt sie nur kritisch zu beurteilen.

☞ Loben Sie andere, auch wenn Sie gleichzeitig an ihnen Kritik üben müssen.

☞ Vergeben Sie sich und anderen. Wir alle machen manchmal Fehler.

Nummer Zwei

*»Ich brauche Liebe und Anerkennung. Ich möchte meine
Gefühle für andere frei zum Ausdruck bringen.«*

Als Zwei ist Ihr Zentrum das Herz oder das Gefühl. Sie neigen dazu, sich die Gefühle anderer zu Eigen zu machen,
und wissen kaum, was Sie selbst empfinden. Sie zeigen
womöglich jedem Ihrer Freunde ein anderes Gesicht: Zwei-
ern ist es wichtig, wie sie bei anderen ankommen. Ihre Wurzelsünde ist der Stolz. Das Hauptproblem ist das Image und
das Ansehen.

Was Sie vermeiden

Sie möchten unbedingt vermeiden, als bedürftig zu gelten,
und verstecken Ihre »dunkle« Seite, damit Sie geliebt werden.

Die Kindheit

»Als Kind hatte ich das Gefühl, dass ich geliebt wurde,
wenn ich anderen half.«

»Ich musste meinen Eltern seelischen Beistand leisten. Ich
bin sehr sensibel für die Bedürfnisse anderer Menschen.«

»Ich hatte das Gefühl, dass man mich nur schätzte, weil ich
etwas zu geben hatte. Also mache ich mich jetzt unentbehr-

lich. So bekomme ich die Wertschätzung, die ich brauche, ohne darum bitten zu müssen.«

Zweier bei der Arbeit

Zweier findet man oft in Helferberufen. Sie sind auch gern mit Mächtigen zusammen. Sie werden Therapeuten und Seelsorger, Ärzte und Krankenschwestern, Schauspieler und Verkäufer. In Büros sitzen sie höchstwahrscheinlich am Empfang oder sie sind der persönliche Assistent und unterstützen den wichtigen Chef. Die Visagistin oder Kosmetikerin ist höchstwahrscheinlich eine Zwei. So befriedigen sie ihr Bedürfnis, Image zu schaffen und gleichzeitig andere zu unterstützen. In ihrer Freizeit arbeiten Zweier oft ehrenamtlich mit unterprivilegierten Menschen.

Stärken und	**Schwächen der Zwei**
fürsorglich	leicht verletzbar
kann sich in die	manipuliert, um
Stimmung anderer	geliebt zu werden
einfühlen	
selbstlos	will beachtet werden
altruistisch	fühlt sich unentbehrlich
schenkt bedingungs-	gönnerhaft
lose Liebe	
mitfühlend	täuscht sich in Bezug
warmherzig	auf eigene Motive
großzügig	herrschsüchtig
hilfreich	märtyrerhaft
ermutigend	fühlt sich als Opfer
	besitzergreifend

Seien Sie gut zu sich selbst

☞ Lernen Sie, vergnügliche Dinge allein zu tun. Sie sind es wert.

☞ Ertappen Sie sich dabei, wie Sie andere manipulieren und ihnen schmeicheln; das rührt von Ihrem Bedürfnis, geliebt zu werden.

☞ Treffen Sie sich mit dem Menschen, den Sie am meisten mögen, nicht mit dem, der Sie am meisten braucht.

☞ Sprechen Sie regelmäßig mit einem Menschen, dem Sie vertrauen, über Ihr Seelenleben und Ihre Probleme. Auch Sie dürfen eigene Bedürfnisse haben.

☞ Üben Sie, »nein« zu sagen. »Ich kann jetzt nicht mit dir reden« oder: »Ich kann dir nicht helfen«.

☞ Wehren Sie sich, wenn Sie das Gefühl haben, man will Sie ausnutzen.

☞ Merken Sie, dass Sie sich einmal wichtig, dann wieder wertlos fühlen? Lernen Sie Ihren wahren Wert kennen.

☞ Machen Sie sich klar, dass die Leute Sie immer noch mögen, auch wenn Sie unabhängig sind.

☞ Streben Sie nicht nach der Beziehung, die schwer zu bekommen ist. Hier werden Sie keine Intimität finden.

☞ Schenken Sie sich selbst regelmäßig Aufmerksamkeit: Gönnen Sie sich eine Massage oder gehen Sie in ein Restaurant.

☞ Lassen Sie sich von jemand anderem beschenken – und freuen Sie sich darüber.

Nummer Drei

*»Ich muss produktiv und erfolgreich sein, bestätigt und
bewundert werden.«*

Als Drei ist Ihr Zentrum das Herz oder das Gefühl. Doch
interessanterweise ist Dreiern oft nicht genau bewusst, was
sie empfinden. Deshalb neigen sie zu Lüge und Betrug,
was ihre Wurzelsünde ist. Ihr Hauptproblem ist das Image
und das Ansehen.

Was Sie vermeiden

Sie tun vermutlich Ihr Möglichstes, um Scheitern zu vermeiden, weil es Ihnen wichtig ist, Ihr Image zu bewahren.

Die Kindheit

»Ich wurde für meine Leistungen gelobt.«

»Die häufigste Frage, die meine Eltern mir stellten, lautete:
›Wie gut warst du?‹«

»Ich glaubte, es sei wichtig, nicht zu scheitern, denn nur die
Gewinner waren es wert, geliebt zu werden.«

»Unsere Familie war wie die Familien in Werbespots: Ober-
flächliche Aktivitäten und Fröhlichkeit, es gab keinen
Raum für tiefere Gefühle.«

Dreier bei der Arbeit

Dreier arbeiten hart und engagiert. Sie übernehmen gern die Verantwortung und inspirieren andere und sie haben grenzenlose Energie. Dreier bauen häufig kleine Unternehmen auf. Man findet sie in der Werbebranche, im Verkauf und in Medienberufen. Oft nehmen sie Stellen an, die eine gute Beförderung versprechen. Wenn sie Politiker sind, ist ihnen ihr Image wichtig. Sie sind die Topjournalisten.

Stärken und	*Schwächen der Drei*
authentisch	Angst vor Scheitern
energiegeladen	berechnend
selbstsicher	täuscht sich selbst
anpassungsfähig	imagebesessen
hat Eigenschaften,	selbstdarstellend
die bewundert werden	
innengeleitet	arrogant
leistungsfähig	statusbewusst
fleißig	verachtet andere
beliebt	Konkurrenzdenken

Seien Sie gut zu sich selbst

☞ Fahren Sie übers Wochenende weg und lassen Sie Ihre Arbeit und das Telefon zu Hause.

☞ Um Ihren Stress zu vermindern, nehmen Sie sich jeden Tag Zeit zum Nachdenken, für ein ausgedehntes Bad, für ruhige Musik ... oder was immer Sie entspannt.

☞ Wenn Sie auf diese Weise langsamer treten, fliehen Sie nicht vor den schwierigen Gefühlen, die womöglich in Ihnen aufsteigen. Sprechen Sie mit jemandem über Ihre Verletzlichkeit.

☞ Ertappen Sie sich dabei, wie Sie Frieden und Glück verschieben: »Wenn ich mit diesem Projekt fertig bin . . .« Dieser Augenblick wird nie kommen.

☞ Reden Sie mit jemandem darüber, dass Sie sich manchmal wie ein Schwindler vorkommen: Sie sehen die Kluft zwischen Ihrem öffentlichen Image und Ihrem wahren Selbst.

☞ Lernen Sie, Ihre Gefühle wahrzunehmen, indem Sie auf die damit verbundenen körperlichen Empfindungen achten, wie ein verspannter Nacken.

☞ Bitten Sie eine Person Ihres Vertrauens, mit Ihnen eine Fahrt ins Blaue zu machen, und lassen Sie diesen Menschen alle Entscheidungen treffen.

☞ Übernehmen Sie eine ehrenamtliche Aufgabe; engagieren Sie sich, weil Sie gebraucht werden.

☞ Planen Sie in Ihrem Terminkalender Zeit für Ihren Partner und Ihre Freunde ein.

☞ Hören Sie zu, wenn ein Freund oder Ihr Partner ein Problem hat, über das er sprechen will.

Nummer Vier

»Ich muss verstanden werden und meine eigenen Gefühle
verstehen.«

Das Zentrum der Vier ist das Herz oder das Gefühl. Gefühle
spielen eine große Rolle in ihrem Leben und sind von Zeit
zu Zeit schier überwältigend. Ihre Wurzelsünde ist der
Neid. Der Hauptproblembereich von Vierern ist das Image
und das Ansehen.

Was Sie vermeiden

Sie tun vermutlich Ihr Möglichstes, um sich aus der Masse
zu erheben. Sie fühlen sich als etwas Besonderes, anders als
die anderen.

Die Kindheit

»Als Kind fühlte ich mich verlassen. Meine Mutter erwartete
emotionale Unterstützung von mir, statt sie mir zu geben.«

»Ich fühlte mich benachteiligt, weil ich nicht geliebt wurde.«

»Ich hatte das Gefühl, dass ich nur geschätzt wurde, weil
ich mich mit den Problemen meiner Eltern identifizierte.«

»Ich verspürte ein tiefes Gefühl des Verlustes, als könne
nichts je diese Leere füllen.«

Vierer bei der Arbeit

Vierer können gut mit Menschen in Krisensituationen umgehen. Sie können das Gewöhnliche in Außergewöhnliches verwandeln und sie achten auf Authentizität und Tiefgang bei allem, was sie tun. Sie sind gute Zuhörer. Viele ergreifen therapeutische Berufe. Vierer lieben Aufgaben, bei denen sie nach dem Sinn des Lebens forschen und seine Tiefe ausloten können – unter anderem sind sie gute Psychologen. Viele Maler, Schriftsteller, Musiker und andere Künstler sind Vierer. Sie sind auch in Lehrberufen zu finden und sprechen auf religiöse Rituale an.

Stärken	und	Schwächen der Vier
sensibel		mit sich selbst beschäftigt
Sinn für Stil		trübe Stimmungen
kreativ		Gefühl der Verzweiflung
intuitiv		Gefühl der Leere
selbstoffenbarend		hasst sich selbst
emotional stark		hohe Erwartungen
ernsthaft und witzig		Angst, verlassen zu werden
selbstbewusst		Gefühl, dass es nie genug ist
warmherzig		neidisch
Gefühl für Ästhetik		

Seien Sie gut zu sich selbst

☞ Betrauern Sie einen Verlust – er war real – und dann legen Sie ihn beiseite. Das wird nicht schnell oder leicht geschehen.

☞ Wenn Sie in düsterer Stimmung oder stark mit sich selbst beschäftigt sind, sprechen Sie mit einem Freund, um Ihre Aufmerksamkeit nach außen zu richten.

☞ Wenn Sie von Ihren Gefühlen überwältigt werden, sagen Sie sich: »Das ist nicht die ganze Geschichte.«

☞ Beenden Sie die Projekte, die Sie beginnen, das wird Ihnen selbst gut tun.

☞ Konzentrieren Sie sich auf Ihre gegenwärtigen Beziehungen, statt sich damit zu beschäftigen, dass Sie in der Vergangenheit Verluste erlitten haben.

☞ Ertappen Sie sich dabei, wie Sie sich besondere Behandlung erschleichen wollen, indem Sie sich schwierig oder exzentrisch verhalten.

☞ Weisen Sie nicht etwas zurück, bloß, weil es leicht zu bekommen ist. Vielleicht ist es trotzdem sehr viel wert.

☞ Ihre Fähigkeit, mit dem Schmerz anderer mitzufühlen, ist gut und wertvoll. Aber die Leiden anderer sind nicht Ihre eigenen, lernen Sie also, sich davon zu distanzieren.

☞ Treiben Sie regelmäßig Sport, möglichst zusammen mit anderen. Das wird Ihnen helfen, Ihre Stimmung wieder aufzuhellen.

☞ Lernen Sie diese harte Lektion: »Was ich habe, ist genug. Mir *scheint* nur, als sei es nicht so.«

Nummer Fünf

»Ich muss alles wissen und die Welt um mich herum verstehen.
Ich möchte allein gelassen werden und mir selbst genügen.«

Das Zentrum der Fünf ist das Kopf- oder Denkzentrum und ihre Wurzelsünde ist die Habsucht. Fünfer fürchten sich oft davor, überhaupt Gefühle zuzulassen: Es erscheint ihnen sicherer zu denken als zu fühlen. Der Hauptproblembereich der Fünfer ist die Angst.

Was Sie vermeiden

Sie tun vermutlich Ihr Möglichstes, um zu vermeiden, unwissend oder töricht zu erscheinen.

Die Kindheit

»Als Kind fühlte ich mich bedrängt. Die Eltern wollten Zugang zu meinem Privatbereich, aber ich wollte das nicht zulassen.«

»Ich hatte das Gefühl, dass niemand für mich da war, und so lernte ich, keine Wünsche zu haben. Es war zu schmerzlich, sich Liebe zu wünschen und sie nicht zu bekommen.«

»Ich dachte mir eine Fantasiewelt aus. Ich brauchte sonst nichts und niemanden.«

Fünfer bei der Arbeit

Fünfer lieben intellektuell anspruchsvolle Arbeit und viele arbeiten am liebsten allein oder außerhalb der normalen Arbeitszeiten. Sie können unter Druck klar denken. Man findet sie in wissenschaftlichen und technischen Berufen und allen, die mit genauen Analysen und Problemlösungen zu tun haben – manchmal je schwieriger und verworrener, desto besser. Sie sind sehr gute Berater. Viele Schriftsteller und Künstler sind Fünfer und genießen die isolierte Intensität und Konzentration, die erforderlich ist, um ihre Tätigkeit auszuüben. Freizeitbeschäftigungen der Fünf sind Lesen, angeregte Diskussionen und sie widmet sich intensiv ihren Sammlungen oder persönlichen Projekten.

Stärken	und	*Schwächen der Fünf*
einfühlsam		exzentrisch
visionär		irregeführt
empfindsam		isoliert
konzentriert		zynisch
fachkundig		arrogant
analytisch		paranoid
originell		reserviert
klug		engstirnig

Seien Sie gut zu sich selbst

☞ Riskieren Sie es doch, Ihre momentanen Gedanken auszudrücken.

☞ Loben Sie Ihre Mitmenschen.

☞ Tun Sie jeden Tag etwas Praktisches als Ausgleich zu Ihrer Kopfarbeit.

☞ Ertappen Sie sich dabei, dass Sie sich zurückziehen, wenn Sie zornig sind. Versuchen Sie stattdessen, der Person, auf die Sie ärgerlich sind, diesen Ärger mitzuteilen.

☞ Gehen Sie in eine Theatergruppe, in einen Chor oder einen Malkurs, um stärker mit den Ausdrucksmöglichkeiten Ihres Körpers in Kontakt zu kommen.

☞ Achten Sie darauf, wann Sie anfangen zu analysieren: Versuchen Sie, einem schwierigen Gefühl zu entfliehen?

☞ Prüfen Sie Ihre tiefsten Gefühle: Führen sie immer dazu, dass Sie verletzt werden?

☞ Achten Sie darauf, wie tief Sie empfinden können, wenn Sie allein sind, und inwieweit Sie in der Lage sind, Gefühle in Gegenwart anderer Menschen zuzulassen.

☞ Tun Sie sich etwas Gutes: An dieser Stelle haben Sie enorme Defizite.

☞ Ergreifen Sie die Initiative für die Begegnung mit einem guten Freund. Das könnte Ihnen schwer fallen ...

☞ Achten Sie darauf, wie oft Sie denken: »Ich komme ohne dich aus.«

☞ Lernen Sie, den Augenblick zu genießen. Das Hier und Jetzt ist alles, was wir haben.

Nummer Sechs

»Ich brauche Anerkennung und das Gefühl, dass man sich um mich kümmert. Ich stelle alles in Frage.«

Wenn Sie eine Sechs sind, ist Ihr Zentrum das Kopf- oder Denkzentrum und Ihre Wurzelsünde ist die Furcht. Sechser hinterfragen die Absichten und Motive anderer. So versuchen sie, ihre Furcht in den Griff zu kriegen. Ihr Hauptproblem ist die Angst.

Was Sie vermeiden

Sie tun vermutlich Ihr Möglichstes, um zu vermeiden, als rebellisch zu gelten.

Die Kindheit

»Als Kind hatte ich Angst vor den Menschen, die Macht über mich hatten. Ich hatte nie das Gefühl, eigene Entscheidungen treffen zu dürfen.«

»Ich wusste nie, in welcher Stimmung mein Vater am nächsten Tag sein würde. Er war so unberechenbar. Nun sehne ich mich nach einem starken vertrauenswürdigen Führer.«

»Ich wurde bestraft, wenn ich etwas getan hatte, was meinen Eltern missfiel. Als Erwachsener fällt es mir nun schwer, das zu tun, was ich eigentlich tun möchte.«

Sechser bei der Arbeit

Sechser arbeiten am effektivsten in Berufen, in denen es eindeutige Gesetze und Richtlinien gibt und die Problemstellungen klar definiert sind. Manche Sechser bevorzugen ein Umfeld, in dem wenig Wettbewerb und Konkurrenz herrscht. Andere packen ihre Furcht beim Schopf und suchen sich eine Arbeit, die mit Gefahren für Leib und Leben verbunden ist. Sechser findet man bei der Polizei oder im Militär, im Rechtswesen, in der Geschäftswelt und in akademischen Berufen. Sie sind gute Teamarbeiter und Manager. Sie ergreifen auch Lehrberufe und arbeiten im Gesundheitswesen. Manche arbeiten lieber selbstständig – so können sie sich ihre eigenen Richtlinien geben.

Stärken	und	*Schwächen der Sechs*
liebenswert		unentschlossen
engagiert		vorsichtig
treu		defensiv
verlässlich		beherrschend
kooperativ		unsicher
selbstbestätigend		ängstlich
mitfühlend		unberechenbar
humorvoll		selbstschädigendes Verhalten

Seien Sie gut zu sich selbst

☞ Seien Sie nicht so streng mit sich selbst. Akzeptieren Sie, dass Sie Ängste haben.

☞ Prüfen Sie, ob Ihre Furcht überhaupt berechtigt ist.

☞ Sprechen Sie über Ihre Zweifel, um sie nüchtern und sachlich in der richtigen Perspektive zu sehen.

☞ Ertappen Sie sich dabei, wie Sie darauf achten, dass andere ihre Versprechen erfüllen.

☞ Verbringen Sie Zeit mit vertrauenswürdigen und kompetenten Menschen.

☞ Bleiben Sie mit Menschen in Kontakt. Wenn Sie sich zurückziehen, können Sie ihnen nicht vorwerfen, Sie verlassen zu haben.

☞ Achten Sie darauf, dass Sie immer wieder etwas tun, was Ihnen Vergnügen bereitet und Sie entspannt.

☞ Nehmen Sie es den Menschen ab, dass sie es ehrlich meinen, wenn sie sich Ihnen gegenüber liebevoll und positiv verhalten.

☞ Schenken Sie sich selbst Bestätigung, statt sie von anderen zu erwarten.

☞ Ertappen Sie sich dabei, dass Sie sich nur an die negativen Dinge erinnern.

☞ Es gibt viele »richtige« Wege. Lernen Sie, zu Ihrer Entscheidung zu stehen.

☞ Machen Sie sich klar, dass es kein Weltuntergang ist, wenn Sie einmal einen Fehler begehen.

Nummer Sieben

»Ich muss mein Leben so einrichten, dass ich Spaß habe, glücklich bin und meinen Beitrag in dieser Welt leiste.«

Wenn Sie eine Sieben sind, ist Ihr Zentrum das Kopf- oder Denkzentrum, und Ihre Wurzelsünde ist die Unmäßigkeit. Auch Siebener haben als Hauptproblembereich die Angst. Diese Angst versuchen sie zu verdrängen, indem sie sich angenehmen Dingen widmen und immer zu viel tun und zu viel haben wollen.

Was Sie vermeiden

Sie tun vermutlich Ihr Möglichstes, um Angst, Leiden und Schmerz zu vermeiden.

Die Kindheit

»Als Kind hatte ich Angst, also flüchtete ich in eine Traumwelt.«

»Ich kann mich nicht an Hass oder Schuldzuweisungen in meiner Kindheit erinnern. Ich konzentriere mich auf die guten Erlebnisse und erinnere mich an die schönsten Zeiten.«

»Ich glaube, ich bin ein wenig wie Peter Pan – ein ewiges Kind.«

Siebener bei der Arbeit

Siebener können gut gemeinsam mit anderen Probleme bewältigen, sie haben die Gabe, unterschiedliche Ideen zusammenzubringen und eine schwierige Situation zu entspannen. Sie setzen sich engagiert für eine gute Sache ein und lieben vielfältige, anregende Arbeit. Sie stecken voller Ideen und können gut planen. Sie sind gute Schriftsteller, Lektoren und Redakteure und können fantastisch Geschichten erzählen. Siebener ergreifen gern Berufe, in denen sie reisen müssen. Sie werden zum Beispiel Pilot, Stewardess oder Fotograf. Siebener haben oft waghalsige Hobbys wie Fallschirmspringen oder Felsklettern. Sie sind gesellig und achten auf gesunde Ernährung und Fitness.

Stärken und	*Schwächen der Sieben*
anerkennend	erlebnishungrig
interessiert	überaktiv
lebhaft	oberflächlich
produktiv	materialistisch
frei von Hemmungen	nie zufrieden
effektiv	ichbezogen
optimistisch	unbeherrscht
großzügig	will sich nicht festlegen

Seien Sie gut zu sich selbst

☞ Erkennen Sie, dass Alter und Reife ebenso wertvoll sind wie Jugend und Energie.

☞ Nehmen Sie die Anliegen anderer Menschen ernst.

☞ Sprechen Sie mit einem guten Freund über das, was Sie beschäftigt.

☞ Wenn Sie am Rotieren sind, halten Sie inne und ziehen Sie Bilanz. Fliehen Sie vor etwas?

☞ Versuchen Sie einmal, sich länger als sonst auf eine Tätigkeit oder eine Person zu konzentrieren, ohne gleich zur nächsten Sache zu springen.

☞ Fürchten Sie sich nicht davor, in Ihren Beziehungen auch einmal unter die Oberfläche zu gehen. Tiefgang und Engagement werden Ihnen Befriedigung verschaffen.

☞ Entwickeln Sie die Fähigkeit, im gegenwärtigen Moment zu verweilen. Übertreten Sie die Schwelle der Langeweile.

☞ Charme ist etwas Schönes. Aber achten Sie darauf, wenn Sie ihn einsetzen, um ein Problem zu verschleiern.

☞ Ertappen Sie sich dabei, dass Sie Angst bekommen, wenn Ihre Möglichkeiten eingeschränkt sind. Lernen Sie, mit dem zufrieden zu sein, was möglich ist.

☞ Nehmen Sie Ihre eigenen Probleme nicht auf die leichte Schulter. Sie sind real.

Nummer Acht

»Ich muss selbstständig und stark sein, um in der Welt etwas zu bewirken. Ich habe gern Macht über andere.«

Wenn Sie eine Acht sind, ist Ihr Zentrum der Bauch oder der Instinkt und Ihre Wurzelsünde ist die Schamlosigkeit und der Hauptproblembereich ist die Wut. Es fällt Ihnen nicht schwer, Ihren Ärger zum Ausdruck zu bringen.

Was Sie vermeiden

Sie tun vermutlich Ihr Möglichstes, um nicht schwach zu erscheinen.

Die Kindheit

»Wenn ich weinte, weil ich mir wehgetan hatte, wurde ich verspottet. Ich musste für mich selbst eintreten und durfte keine Schwäche zeigen.«

»Ich bin in der Innenstadt aufgewachsen, wo es Banden gab, die sich gegenseitig schikanierten. Man musste den Kampf gewinnen, um zu überleben.«

»Ich zeige meine Grenzen nicht und lasse es mir nicht anmerken, wenn ich körperlich oder seelisch verletzt bin.«

Achter bei der Arbeit

Achter können gut große Projekte übernehmen und sie im richtigen Tempo voranbringen. Sie sind lieber in Führungspositionen, als dass sie sich führen lassen. Sie haben ein ausgeprägtes Bewusstsein für Fairness und Gerechtigkeit, besonders, wenn es darum geht, Unschuldige zu schützen. Achter arbeiten oft selbstständig. In der Geschäftswelt sind sie entweder Unternehmer oder leitende Angestellte. Man findet sie in juristischen Berufen, auch Gewerkschaftsführer sind oft Achter. Als Politiker verbinden sie ihre Macht mit Fairness. Im Gesundheitswesen werden sie Facharzt, Professor oder engagieren sich sonst wie in leitender Funktion. Da Achter den Geist des Wettbewerbs lieben, sind sie auch oft Berufssportler.

Stärken	und	*Schwächen der Acht*
guter Führer		aggressiv
mutig		herrschsüchtig
selbstbewusst		baut sich ein Imperium
inspirierend		diktatorisch
Respekt einflößend		schikaniert andere
beschützend		eigenwillig
ehrenhaft		rachsüchtig
unternehmerisch		besitzergreifend
liebt das Leben		beschuldigend
unabhängig		beherrschend

Seien Sie gut zu sich selbst

☞ Sie entwickeln Vertrauen durch Wortgefechte. Sie müssen erkennen, dass andere auf ganz andere Art und Weise Vertrauen fassen.

☞ Lassen Sie einen anderen aus Ihrem Team die Initiative zum Handeln ergreifen.

☞ Ertappen Sie sich dabei, dass Sie gegen Regeln verstoßen wollen.

☞ Wenn Sie sich gelangweilt fühlen, könnte das ein tieferes Gefühl verbergen.

☞ Ihr ausschweifendes Verhalten – Trinken, dauernd Partys feiern usw. – ist Ersatz für etwas, das Sie wirklich wollen. Schließen Sie sich unter Umständen einer Selbsthilfegruppe an.

☞ Versuchen Sie, hin und wieder Kompromisse zu schließen. Vielleicht merken Sie dann, dass Ihre »Feinde« zu Freunden werden, wenn Sie sich in der Mitte treffen.

☞ Zählen Sie bis zehn, bevor Sie Ihrem Zorn Luft machen.

☞ Geben Sie hin und wieder zu, dass Sie Unrecht haben.

☞ Tun Sie die Erfahrungen und Ansichten anderer Menschen nicht einfach ab. Sie sind ebenso berechtigt wie Ihre eigenen.

☞ Wenn Sie verletzt sind, bringen Sie das lieber früher als später zum Ausdruck.

☞ Achten Sie genauer darauf, wie Ihre Direktheit andere einschüchtert.

☞ Loben Sie andere so viel wie möglich.

☞ Sprechen Sie mit einer Person Ihres Vertrauens über Ihren Zorn.

☞ Genießen Sie das Zusammensein mit Menschen, die Ihr ausgefallenes und maßloses Wesen mögen.

☞ Verbringen Sie Zeit mit Menschen, die ebenso direkt und ehrlich sind wie Sie.

Nummer Neun

»Ich muss den Frieden wahren und mit anderen eins werden. Ich möchte dafür sorgen, dass alles so bleibt, wie es ist.«

Wenn Sie eine Neun sind, ist Ihr Zentrum der Bauch oder der Instinkt, und Ihre Wurzelsünde ist die Trägheit. Das Hauptproblem ist eigentlich die Wut, aber es fällt Ihnen schwer, Ihren Ärger wahrzunehmen. Es ist, als würde er schlafen.

Was Sie vermeiden

Sie tun vermutlich Ihr Möglichstes, um Konflikte zu vermeiden. Ihr Motto könnte lauten: »Frieden um jeden Preis.«

Die Kindheit

»Als Kind fühlte ich mich nicht beachtet. Meine Meinungen oder Gefühle waren nicht wichtig.«

»Ich war zwischen meinen Geschwistern und Eltern gefangen. Ich musste den Frieden wahren, indem ich mich nach ihren Wünschen richtete.«

»Es fällt mir schwer, ›nein‹ zu sagen. Ich weiß oft gar nicht, was ich wirklich will oder empfinde. Ich habe nie gelernt, auf meine eigene Stimme zu hören.«

Neuner bei der Arbeit

Neuner können andere beharrlich unterstützen. Sie leisten Großes in Berufen, in denen es klare Leitlinien gibt und sie nicht ständig Entscheidungen treffen müssen. Weil sie sich gut mit den Meinungen anderer identifizieren können, sind sie hervorragende Vermittler und Diplomaten. Manche ergreifen Berufe, die viel Routine und Protokoll erfordern, sie gehen zum Militär oder in den Staatsdienst. Andere Neuner entscheiden sich für Helferberufe: Sie werden Krankenschwestern, Sozialarbeiter, Therapeuten und Ärzte. Allgemein fühlen sich Neuner zu Berufen hingezogen, in denen Organisation und Genauigkeit gefragt sind.

Stärken und	*Schwächen der Neun*
zufrieden	denkt nicht viel nach
selbstbeherrscht	passiv
unbefangen	unentschlossen
optimistisch	selbstgefällig
unterstützend	fatalistisch
geduldig	stur
gutmütig	zurückhaltend
friedliebend	vergesslich
einfühlsam	unterdrückt

Seien Sie gut zu sich selbst

☞ Ertappen Sie sich dabei, dass Sie sich von anderen Entscheidungen abnehmen lassen.

☞ Treiben Sie jede Woche regelmäßig Sport.

☞ Wenn Sie Für und Wider einer Sache abwägen, fragen Sie sich, wie Sie sich fühlen.

☞ Wenn Sie ein Projekt beginnen, erstellen Sie einen klaren Plan.

☞ Versuchen Sie, Ihre Meinung zu sagen. Andere werden sie schätzen.

☞ Hören Sie nicht nur zu, wenn andere ihre Probleme erzählen. Berichten Sie auch von Ihren eigenen Schwierigkeiten.

☞ Versuchen Sie, täglich zu einer unwichtigen Sache »nein« zu sagen.

☞ Führen Sie ein Projekt zu Ende, bevor Sie ein neues anfangen.

☞ Es ist gut und richtig, wenn auch Sie einmal im Mittelpunkt der Aufmerksamkeit stehen.

☞ Trauen Sie Ihrem Instinkt, wenn Sie eine Entscheidung treffen müssen.

☞ Treffen Sie Entscheidungen, indem Sie ausschließen, was Sie nicht wollen.

☞ Wenn Sie zu viel essen, fernsehen usw., versuchen Sie zu erkennen, welche Gefühle Sie zu verbergen versuchen.

☞ Versuchen Sie, den wirklich wichtigen Brief zu schreiben, bevor Sie Ihren Schreibtisch aufräumen.

☞ Achten Sie darauf, dass Sie auf stur schalten, wenn man Sie drängt.

☞ Sehen Sie Ärger nicht als Feind. Nutzen Sie ihn als Antrieb zum Handeln.

☞ Erkennen Sie, dass Sie nicht jedermanns Erwartungen erfüllen müssen.

Nur eine Nummer?

Ihr Persönlichkeitstyp ist im Enneagramm nicht auf eine Nummer beschränkt, die unterschiedlich starke Elemente ihrer Flügel aufweist, der Nummern rechts und links von Ihnen. Es ist vielmehr vieles in Bewegung. Ihre Nummer verändert sich nicht. Doch in unterschiedlichen Umständen und Stimmungen können Sie sich auf die – positiven und negativen – Eigenschaften der beiden anderen Nummern zubewegen, mit denen Sie durch die Linien im Enneagramm-Schaubild verbunden sind.

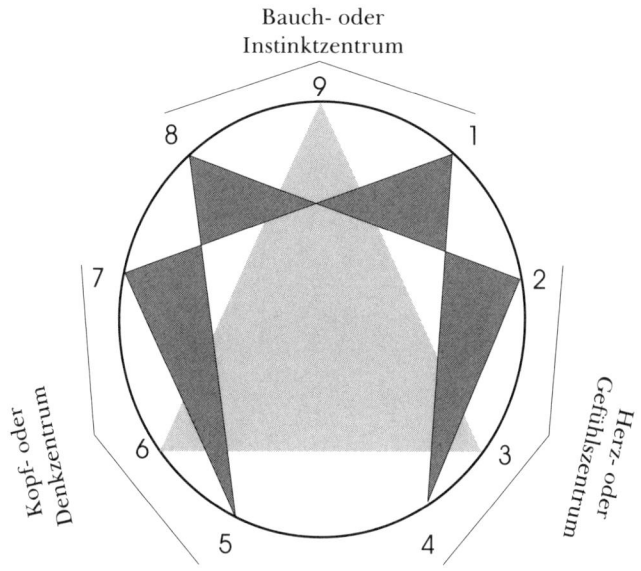

Wenn Sie sich sicher fühlen, übernehmen Sie die positiven Eigenschaften einer dieser Nummern. Unter Stress nehmen Sie ihre negativen Eigenschaften an. Sie sind immer noch die gleiche Persönlichkeit. Doch Sie merken, dass Sie anders denken und sich anders verhalten, je nachdem, wie sicher oder belastet Sie sich fühlen. Je mehr Ihnen bewusst ist, was in Ihrem Innern vor sich geht, desto mehr Entscheidungsfreiheit haben Sie in Bezug auf Ihre Einstellung und Ihr Verhalten.

Nummer Eins

Wenn Einser auf die Sieben zugehen:

Wenn Sie auf die positive Seite der Sieben zugehen
- können Sie sich selbst besser annehmen
- werden Sie optimistischer
- reagieren Sie spontaner
- richten Sie Ihr Augenmerk eher auf das Gute statt auf das Schlechte
- können Sie auch einmal etwas nur um des Vergnügens willen tun.

Wenn Sie auf die negative Seite der Sieben zugehen
- neigen Sie zu Selbstzerstörung durch Ausschweifungen: Drogen, Alkohol usw.

Wenn Einser auf die Vier zugehen:

Wenn Sie auf die positive Seite der Vier zugehen
- kommen Sie mit Ihren tieferen Gefühlen in Berührung
- haben Sie mehr Freude an kreativen Tätigkeiten

Wenn Sie auf die negative Seite der Vier zugehen
- sind Sie ungehalten, wenn etwas nicht Ihren Erwartungen entspricht
- werden Sie depressiv und richten Ihren Zorn nach innen
- fühlen Sie sich oft ungeliebt oder nicht liebenswert
- sehnen Sie sich nach dem Unerreichbaren

Nummer Zwei

Wenn Zweier auf die Vier zugehen:

Wenn Sie auf die positive Seite der Vier zugehen
- können Sie zu Ihren schmerzlichen Gefühlen stehen
- fällt es Ihnen leichter, »nein« zu sagen
- brauchen Sie Ihr Selbstwertgefühl nicht nur dadurch auf-
  zubauen, indem Sie anderen helfen
- können Sie auch einmal mit sich allein sein
- können Sie Ihre Kreativität besser zum Ausdruck bringen

Wenn Sie auf die negative Seite der Vier zugehen
- grübeln Sie viel über sich nach und werden depressiv
- neigen Sie dazu, sich mit anderen zu vergleichen und Ihr
  Scheitern zu beklagen

Wenn Zweier auf die Acht zugehen:

Wenn Sie auf die positive Seite der Acht zugehen
- werden Sie selbstbewusster
- werden Sie ehrlicher und direkter
- achten Sie nicht mehr so sehr darauf, was andere von Ihnen denken

Wenn Sie auf die negative Seite der Acht zugehen
- sind Sie nicht mehr so freundlich und liebevoll und werden misstrauisch
- werden Sie härter und vereinsamen
- werden Sie anspruchsvoller und wollen alles selbst in die
  Hand nehmen
- werden Sie reizbarer und überkritisch

Nummer Drei

Wenn Dreier auf die Sechs zugehen:

Wenn Sie auf die positive Seite der Sechs zugehen
– verbringen Sie mehr Zeit mit Ihrer Familie und Ihren Freunden und setzen sich für sie ein
– können Sie eher die guten Seiten bei anderen erkennen
– haben Sie einen besseren Kontakt zu Ihren Gefühlen
– können Sie auch Verletzlichkeit zeigen

Wenn Sie auf die negative Seite der Sechs zugehen
– haben Sie Angst, zurückgewiesen zu werden
– werden Sie abhängig und ängstlich
– sind Sie unfähig, Entscheidungen zu treffen

Wenn Dreier auf die Neun zugehen:

Wenn Sie auf die positive Seite der Neun zugehen
– werden Sie entspannter und friedfertiger
– werden Sie empfindsamer
– bekommen Sie eine breitere Lebensperspektive

Wenn Sie auf die negative Seite der Neun zugehen
– werden Sie unentschlossen und apathisch
– vernachlässigen Sie sich selbst
– sind Sie weniger produktiv
– ärgern Sie sich über jeden, der Sie auf Ihre Fehler hinweist

Nummer Vier

Wenn Vierer auf die Eins zugehen:

Wenn Sie auf die positive Seite der Eins zugehen
- werden Sie disziplinierter
- handeln Sie praktischer
- bekommen Sie eine positivere Lebenseinstellung
- sind Sie besser in der Lage, gemäß Ihren Grundsätzen zu handeln
- werden Sie weniger von Ihren Gefühlen beherrscht

Wenn Sie auf die negative Seite der Eins zugehen
- werden Sie kritisch und zornig
- halten Sie Moralpredigten
- empfinden Sie Schuldgefühle, wenn Sie scheitern

Wenn Vierer auf die Zwei zugehen:

Wenn Sie auf die positive Seite der Zwei zugehen
- gewinnen Ihre Beziehungen an Tiefe
- können Sie einen gesunden Abstand zu Ihren Mitmenschen wahren
- beschäftigen Sie sich weniger mit sich selbst

Wenn Sie auf die negative Seite der Zwei zugehen
- versuchen Sie, andere dazu zu bewegen, Sie zu lieben
- neigen Sie dazu, Ihre eigenen Bedürfnisse zu unterdrücken
- werden Sie zunehmend abhängiger von anderen
- neigen Sie dazu, krank zu werden, um Aufmerksamkeit zu bekommen

Nummer Fünf

Wenn Fünfer auf die Acht zugehen:

Wenn Sie auf die positive Seite der Acht zugehen
- sind Sie besser in der Lage, Ihre Gedanken in die Tat umzusetzen
- reagieren Sie spontaner
- können Sie sich besser behaupten
- ziehen Sie sich bei Zorn nicht mehr zurück, sondern Ihr Ärger verleiht Ihnen Energie zum Handeln

Wenn Sie auf die negative Seite der Acht zugehen
- werden Sie streng und unerbittlich
- neigen Sie dazu, unvernünftig zu handeln
- setzen Sie sich über die Gefühle anderer ganz offen hinweg

Wenn Fünfer auf die Sieben zugehen:

Wenn Sie auf die positive Seite der Sieben zugehen
- können Sie das Leben mehr ausschöpfen
- werden Sie sicherer
- sind Sie weniger gehemmt

Wenn Sie auf die negative Seite der Sieben zugehen
- übernehmen Sie impulsiv neue Aufgaben
- werden Sie zerstreut

Nummer Sechs

Wenn Sechser auf die Neun zugehen:

Wenn Sie auf die positive Seite der Neun zugehen
- können Sie besser mit anderen mitfühlen
- können Sie das Leben aus einer breiteren Perspektive sehen
- sind Sie weniger ernsthaft und haben mehr Energie
- können Sie Ihrer inneren Stimme trauen

Wenn Sie auf die negative Seite der Neun zugehen
- werden Sie handlungsunfähig und apathisch
- neigen Sie dazu, sich mit Drogen, Fernsehen, Essen usw. abzulenken

Wenn Sechser auf die Drei zugehen:

Wenn Sie auf die positive Seite der Drei zugehen
- werden Sie entschlussfreudiger
- können Sie effektiver handeln
- sind Sie besser in der Lage, das Gute in Ihren Bemühungen zu erkennen

Wenn Sie auf die negative Seite der Drei zugehen
- vermeiden Sie Angstgefühle durch Geschäftigkeit
- unternehmen Sie nur ungern etwas Neues, da Sie Angst haben zu scheitern
- schlüpfen Sie gern in eine Rolle, um sich sicherer zu fühlen
- greifen Sie zur Lüge, um vorwärts zu kommen oder etwas zu vertuschen

Nummer Sieben

Wenn Siebener auf die Fünf zugehen:

Wenn Sie auf die positive Seite der Fünf zugehen
- werden Sie ruhiger und können die Dinge auch objektiver sehen
- lernen Sie Weisheit, Selbstdisziplin und Ernsthaftigkeit zu schätzen
- können Sie auch schlimme Dinge besser annehmen
- lernen Sie, sich Ihren Ängsten zu stellen

Wenn Sie auf die negative Seite der Fünf zugehen
- fangen Sie an zu theoretisieren
- beschäftigen Sie sich stark mit sich selbst
- neigen Sie dazu, Ihrer Verantwortung aus dem Weg zu gehen

Wenn Siebener auf die Eins zugehen:

Wenn Sie auf die positive Seite der Eins zugehen
- sind Sie eher in der Lage, Dinge in die Tat umzusetzen
- interessieren Sie sich stärker für das Wohl anderer
- können Sie Ihre Möglichkeiten klüger abwägen

Wenn Sie auf die negative Seite der Eins zugehen
- werden Sie zynisch und kleinlich
- können Sie nicht über sich selbst lachen
- sind Sie davon überzeugt, die Wahrheit gepachtet zu haben
- beschuldigen Sie andere, Ihnen den Spaß zu verderben
- sind Sie von einer Idee besessen

Nummer Acht

Wenn Achter auf die Zwei zugehen:

Wenn Sie auf die positive Seite der Zwei zugehen
- werden Sie offener und verletzlicher
- kümmern Sie sich mehr um das Wohlergehen anderer
- werden Sie liebevoller und liebenswerter
- lernen Sie, Ihre weichere Seite zum Ausdruck zu bringen

Wenn Sie auf die negative Seite der Zwei zugehen
- werden Sie übermäßig abhängig von anderen
- neigen Sie dazu, unrealistische Forderungen an andere zu stellen
- nehmen Sie eine Abwehrhaltung ein und reagieren übertrieben

Wenn Achter auf die Fünf zugehen:

Wenn Sie auf die positive Seite der Fünf zugehen
- werden Sie objektiver
- denken Sie nach, bevor Sie handeln

Wenn Sie auf die negative Seite der Fünf zugehen
- ziehen Sie sich zurück und sind weniger aktiv
- haben Sie weniger Kontakt zu Ihren Gefühlen
- fürchten Sie, von anderen zurückgewiesen zu werden
- werden Sie depressiv
- bekommen Sie leicht Schuldgefühle

Nummer Neun

Wenn Neuner auf die Drei zugehen:

Wenn Sie auf die positive Seite der Drei zugehen
- werden Sie tüchtiger und produktiver
- können Sie sich besser auf eine Sache konzentrieren
- werden Sie selbstsicherer
- können Sie besser die Kontrolle über Ihr Leben übernehmen

Wenn Sie auf die negative Seite der Drei zugehen
- neigen Sie dazu, sich zu viel aufzubürden
- arbeiten Sie, um Anerkennung zu gewinnen
- möchten Sie gern andere beeindrucken

Wenn Neuner auf die Sechs zugehen:

Wenn Sie auf die positive Seite der Sechs zugehen
- werden Sie direkter
- werden Sie loyaler
- werden Sie praktischer

Wenn Sie auf die negative Seite der Sechs zugehen
- werden Sie von Ihren Ängsten überwältigt
- neigen Sie zu Selbstzweifeln und werden streng und stur
- werden Sie passiv und apathisch

Enge Beziehungen

Das Enneagramm ist kein Ehestiftungsprogramm. Es wird Ihnen nicht helfen, den idealen Partner zu finden. Aber es hilft Ihnen, sich selbst und Ihre Freunde besser zu verstehen und in besseren Beziehungen zu leben.

In diesem Kapitel geht es darum, wie die verschiedenen Persönlichkeitstypen mit vertrauten Beziehungen umgehen. Schauen Sie, ob Ihre Nummer Ihnen Hinweise gibt auf die Art und Weise, wie Sie auf andere reagieren. Vergessen Sie nicht, auch auf die Eigenschaften Ihrer »Flügel« zu achten.

Nummer Eins:

Einser: »Ich muss mich geliebt fühlen, auch wenn ich nicht vollkommen bin. Ich habe Angst, dass du mich verlässt, wenn ich meine schlechte Seite zeige oder wütend werde. Ich bin froh, dass du zugeben kannst, wenn du falsch liegst, denn mir fällt das schwer.«

Partner: »Du hast viel Sinn für Humor, du bist treu und mit Leib und Seele bei einer Sache. Aber du kritisierst auch oft. Bitte akzeptiere, dass auch ich nicht unbedingt perfekt bin.«

Nummer Zwei:

Zweier: »Ich habe das Gefühl, dass ich irgendetwas tun muss, damit du mich liebst. Ich bin nicht sicher, ob du mich um meiner selbst willen liebst – wer immer das ist. Also tue ich, was dir gefällt.«

Partner: »Du gibst mir das Gefühl, etwas Besonderes zu sein. Du bist großzügig und witzig. Aber auch du hast Vorlieben und Abneigungen. Bitte lass sie mich wissen. Du musst mich nicht dazu bringen, dich zu lieben: Ich werde dich nicht verlassen, wenn du anderer Meinung bist oder mir deine Bedürfnisse zeigst.«

Nummer Drei:

Dreier: »Ich werde sein, was du haben willst. Du brauchst einen einfühlsamen Partner? Hier hast du ihn. Bloß frage mich nicht, was ich selbst empfinde.«

Partner: »Du bist verantwortungsvoll und großzügig und ich mag deine Verspieltheit. Aber ich bin mir nicht sicher, wer du wirklich bist. Du spielst mir immer etwas vor und deine Arbeit steht oft an erster Stelle. Ich möchte wissen, was du empfindest.«

Nummer Vier:

Vierer: »Ich freue mich auf unsere Begegnung, und dann fällt es mir schwer, ganz im ›Jetzt‹ zu leben, wenn wir zusammen sind. Ich habe das Gefühl, dass ich noch mehr will, aber ich weiß nicht genau was. Ich möchte die Tiefen mit dir ausloten, aber ich habe Angst, dass du mich verlässt, wenn ich dich liebe. Ich bin leicht verletzt und oft eifersüchtig, launisch und kritisch.«

Partner: »Ich mag deinen Sinn für Humor, deine Leidenschaft und Freundlichkeit. Und du verstehst mich. Aber wenn wir uns nahe kommen, stößt du mich von dir.«

Nummer Fünf:

Fünfer: »Ich halte meine tiefen Gefühle zurück, wenn ich mit dir zusammen bin. Ich habe das Gefühl, dass ich mich irgendwie schützen muss. Aber wenn ich allein bin, denke ich viel über dich nach.«

Partner: »Du bist vertrauenswürdig und freundlich und mir fällt es leicht, mit dir über Dinge zu reden, die mir zu schaffen machen. Aber du ziehst dich zurück, wenn ich dir zu nahe komme. Ich muss zwischen den Zeilen lesen, wenn ich wissen will, ob du mich magst.«

Nummer Sechs:

Sechser: »Allmählich lerne ich, dir zu vertrauen. Ich fühle mich jedoch noch immer sicherer, wenn *ich* der Gebende bin, denn ich weiß nicht, welche Motive dich bewegen, mir etwas zu geben.«

Partner: »Du hast durch dick und dünn zu mir gehalten. Du bist warmherzig, fair und hast einen wunderbaren Sinn für Humor. Aber du kannst auch sarkastisch und beherrschend sein, und du ziehst dich zurück, wenn du dich in Bezug auf mich unsicher fühlst.«

Nummer Sieben:

Siebener: »Ich finde es schön, wenn wir Spaß zusammen haben. Ich bin nicht gern mit dir zuammen, wenn du niedergeschlagen bist. Ich möchte dich dann ablenken, um dich wieder glücklich zu machen – oder ich gehe weg. Das Leben ist dazu da, damit man es genießt!«

Partner: »Du bist liebevoll, großzügig und unbeschwert. Und es macht großen Spaß, mit dir zusammen zu sein – so lange wir Dinge tun, an denen wir beide Freude haben, und du dir nicht meine Probleme anhören musst.«

Nummer Acht:

Achter: »Ich mag es, dass unser gemeinsames Leben so intensiv ist – ich liebe unsere Auseinandersetzungen und unsere Leidenschaft. Aber es fällt mir schwer, dir auch meine verletzliche Seite zu zeigen. Ich hasse es, mich abhängig zu fühlen.«

Partner: »Du gehst offen und ehrlich mit mir um: Du bist treu, fürsorglich und engagiert. Aber du hast auch schnell etwas an mir auszusetzen, und es fällt dir schwer, dich für etwas zu entschuldigen. Ich finde deine Wutanfälle oft unerträglich. Sei etwas sanftmütiger: Ich werde das nicht als Schwäche sehen.«

Nummer Neun:

Neuner: »Ich möchte mit dir eins werden, mit dir verschmelzen. Deine Wege sind auch meine Wege. Ich habe das Gefühl, dass du mich nicht mehr lieben wirst, wenn ich meine Wünsche verfolge.«

Partner: »Du unterstützt mich. Du bist freundlich, weichherzig und urteilst nicht und du verstehst meinen Standpunkt. Aber ich wünschte, du würdest manchmal sagen, was *du* willst: Ich bin nicht die einzige Person in unserer Beziehung.«

Ihr geistliches Leben

Unser Persönlichkeitstyp beeinflusst nicht nur unsere Beziehungen zu anderen Menschen, sondern auch unsere Spiritualität. Unsere Persönlichkeit hat einen Einfluss darauf, was wir über das Leben denken, auf unsere Ziele und unsere Beziehung zu Gott. Diese Einsichten können Ihnen helfen, die geistliche Dimension Ihres Wesens zu entwickeln.

Vielleicht ist Ihr Persönlichkeitstyp in einer bestimmten Art und Weise des Denkens gefangen, die Sie daran hindert, das Gesamtbild zu sehen. Versuchen Sie, die folgenden Aussagen zu vervollständigen gemäß der Einsichten, die Sie in Bezug auf Ihre Persönlichkeit gewonnen haben. Das könnte Ihnen helfen, Denkweisen zu erkennen, in denen Sie gefangen sind.

(Es werden jeweils Beispiele gegeben.)

Ich bin gut, weil ...
Drei ... ich Erfolg habe.
Fünf ... ich klug bin.
Sechs ... ich treu bin.

Ich sehe im Leben nur ...
Eins ... Unvollkommenheit.
Zwei ... brennende Not.
Acht ... Ungerechtigkeit und Unterdrückung.

Ich möchte ...
Vier ... das, was andere haben.
Sieben ... mehr von allem.
Neun ... ins Bett gehen.

Konzentration auf das Wesentliche

Oft, wenn wir beten oder meditieren möchten, sind wir abgelenkt und können uns nicht konzentrieren. Wir können nicht zur Ruhe kommen. Wir müssen nun eine Möglichkeit finden, unsere Aufmerksamkeit auf das zu richten, was jenseits all dieser Ablenkungen steht: Wir müssen lernen, ganz einfach in der Realität Gottes zu leben.

Das Enneagramm zeigt, dass die drei Zentren – Kopf, Herz und Bauch – in unterschiedlicher Weise Gott erfahren. Aber das ist nicht festgeschrieben. Es gibt immer die Möglichkeit zu experimentieren und den Stil zu finden, der Ihnen am meisten liegt.

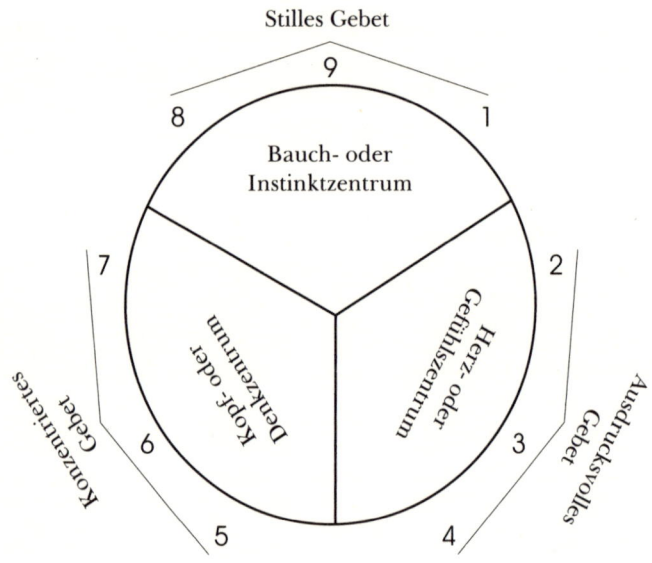

74

Einige geistliche Übungen

Für Fünfer, Sechser und Siebener

Sie haben oft Angst, dass die Welt da draußen Sie aus dem Gleichgewicht bringt. Ihr Innenleben ist vielschichtig und oft unkoordiniert. Daher müssen Sie lernen, Ihren natürlichen Wunsch zu zügeln, die vielen Möglichkeiten und Ideen zu verfolgen, die in Ihrem Innern aufkommen und danach drängen, in die Welt hinausgetragen zu werden.

Versuchen Sie diese Übung:

Richten Sie Ihren Blick intensiv auf einen Gegenstand, der Ihnen etwas bedeutet, wie eine Kerze oder ein Kreuz. Das kann Ihnen helfen, konzentriert zu bleiben, was mit geschlossenen Augen vielleicht nicht möglich wäre. Es ist wichtig, dass dieser Gegenstand oder das Symbol ganz schlicht ist. Andernfalls könnte er Sie zu Gedanken und Ideen anregen, denen Sie nur schwer widerstehen können. Nehmen Sie zu dieser Übung jedes Mal den gleichen Gegenstand.

Für Zweier, Dreier und Vierer

Sie werden ständig von den Meinungen und Erwartungen anderer beeinflusst. Sie haben Mühe, zu sich selbst zu stehen und sich so zu lieben, wie Sie wirklich sind. Also müssen Sie im Gebet Wege finden, um die dunklen Seiten in Ihrem Innern zu erforschen. Die Aussicht, allein zu sein und diese innere Reise zu beginnen, kann große Furcht auslösen. Sie müssen lernen, sich selbst zu lieben, statt nach der Anerkennung von außen zu gieren. Wenn die Ungeheuer in der Finsternis einen Namen bekommen haben, können Sie sich mit ihnen anfreunden und sie als Quellen schöpferischer Energie nutzen.

Versuchen Sie diese Übung:

Schließen Sie die Augen und achten Sie darauf, was in Ihrem Innern vor sich geht. Spüren Sie Ihren Zorn, Ihre Ängste und Freuden – weisen Sie sie nicht von sich. Sie sind wichtig und können Ihnen einen Hinweis darauf geben, was sich dahinter verbirgt. Hören Sie auf Gottes leise, behutsame Stimme, die Sie aufruft, die Meinungen anderer hinter sich zu lassen und zu Ihrer eigenen Wahrheit und Identität zu stehen.

Für Achter, Neuner und Einser

Sie sind voller Energie und neigen zu schnellen Reaktionen.
Aggression gehört zu Ihrem Leben und Sie haben Mühe,
Zuneigung anzunehmen. Sie müssen eine Möglichkeit finden, wie Sie ganz einfach still in der Gegenwart Gottes ru-
hen können. Ein alter Mann, der jeden Tag viele Stunden
im Gebet zubrachte, wurde gefragt, was er in dieser ganzen
Zeit tat. Er meinte: »Ich tue gar nichts. Ich schaue nur Gott
an und Gott schaut mich an.« Das mag wie Zeitverschwen-
dung erscheinen, doch still zu sein in der Gegenwart Gottes
wird Ihnen helfen, Ihre inneren und äußeren Welten zusammenzubringen.

Versuchen Sie diese Übung:

Bereiten Sie sich auf eine Gebetszeit vor, indem Sie Ihr Le-
benstempo drosseln. Hören Sie Musik oder achten Sie bewusst auf Ihre Atmung. Richten Sie dann Ihre Aufmerksamkeit auf Gott und suchen Sie seine Gegenwart um
seiner selbst willen, nicht wegen seiner Gaben ... Tun Sie,
was in Ihrer Macht steht, um alles andere zu vergessen. Es
werden sicher Ablenkungen kommen. Versuchen Sie dann
immer wieder ein kurzes Wort zu wiederholen, wie »Liebe«
oder »Gott«, um Ihren Geist wieder auf Gott zu richten.
Führen Sie keine Gespräche mit ihm, damit sich in Ihnen
keine Gedanken entwickeln.

Zur Weiterführung

Wenn dieses Buch Ihnen einen Vorgeschmack gegeben hat, wie Sie das Enneagramm nutzen können, um mehr über sich selbst und andere zu erfahren, gibt es mehrere Möglichkeiten, dieses Wissen zu vertiefen.

Wenn das möglich ist, ist es hilfreich, sich einer Gruppe anzuschließen, die mit dem Enneagramm arbeitet. Hier haben Sie die Möglichkeit, Ihre Erfahrungen mit anderen Menschen zu vergleichen, die demselben Persönlichkeitstyp angehören wie Sie, und Sie hören von den Erfahrungen anderer Persönlichkeitstypen. Die Gruppe kann die einzelnen Teilnehmer auch tragen und in ihrer Persönlichkeit bestätigen, wenn unangenehme Dinge hochkommen, wie es unweigerlich geschehen wird.

Literatur zum Thema:

Rohr, Richard/Ebert, Andreas:
Das Enneagramm.
Die neun Gesichter der Seele;
1999 Claudius Verlag, München

Ebert, Andreas/Küstenmacher, Marion:
Erfahrungen mit dem Enneagramm.
Sich selbst und Gott begegnen;
1994 Claudius Verlag, München

Gündel, Jürgen:
Das Enneagramm.
Neun Typen der Persönlichkeit;
1997 Heyne Verlag, München

Typen und Temperamente

Reinhold Ruthe

Typen und Temperamente

Die vier Persönlichkeits-
strukturen
Mit umfassendem
Persönlichkeitstest.
Taschenbuch. 168 Seiten.
ISBN 3-87067-725-2

Wer sind Sie? Was ist Ihr Selbstbild? Kennen Sie den
Schlüssel zu den wesentlichen Eigenarten Ihrer Persönlichkeit?

Jeder Mensch ist einmalig, einzigartig und spiegelt doch
zugleich auch einen bestimmten Typ und damit eine bestimmte Persönlichkeitsstruktur wider. Dieses Buch hilft,
Stärken und Schwächen zu entdecken, Gaben und Fähig-
keiten zu durchschauen. Ein ausführlicher Testteil mit
160 Fragen, unter Mitarbeit von Lydia Münzberger, ver-
hilft jedem zu seinem eigenen Persönlichkeitsprofil.

Brendow
Buch · Kunst · Verlag

Reinhold Ruthe
Ich mag mich
Wege zum
Selbstvertrauen
ISBN 3-87067-812-7

Reinhold Ruthe
**Wenn Kinder eigene
Wege gehen**
Freigeben und loslassen
ISBN 3-87067-809-7

Doris Schulte
Ich finde keine Ruhe mehr!
Zeit gewinnen für sich selbst
ISBN 3-87067-810-0

Taschenbuch, jeweils 64 Seiten mit zweifarbigem Innenteil